안용환 제3시집

폼나는 낙서

안 용 환

[작가의 말]

낙서를 모아

안 용 환

세월은 흘러가며 많은 흔적을 남깁니다.
그 흔적 속에서 때로는 웃음을, 때로는 눈물을,
또 어떤 날에는 후회와 다짐을 남기며 살아왔습니다.

나는 그 모든 자취를 화려한 글이 아닌, 일상의 낙서로 남겨 두었습니다.
하루의 끝자락에, 혹은 잠시의 쉼표 속에서 마음 가는 대로 적어 두었던 글들이 이제 한 권의 작은 책으로 묶이게 되었습니다.

때로는 무심한 푸념이었고 때로는 가슴 저린 고백이었으며 또 때로는 잊고 싶지 않은 기억의 조각이었습니다.
삶의 소박한 흔적 속에 담기는 것임을 이제야 깨닫습니다.

이 글들은 특별한 수식도, 큰 뜻도 없습니다.
다만 한 사람의 삶이 어떻게 흘러왔는지를 보여주는 작은 편린들이며, 흔들리며 살아온 발자국입니다.

그 속에서 독자 여러분께서도 각자의 삶을 비추는 작은 거울을 발견하신다면 더할 나위 없는 기쁨이겠습니다.

부족한 글이지만, 제 삶을 나누고자 하는 마음으로 책을 엮습니다.
끝까지 함께 읽어주시는 모든 분들께 깊은 감사의 인사를 드립니다.

2025 년 10 월
안 용 환 씀

목 차

작가의 말 _ 책을 내면서 _____ 3

제1부 _ 폼나는 낙서 _____ 13

폼나는 낙서 _____ 14
가을 문턱의 궁평항에 _____ 15
가을의 황홀 _____ 16
거미줄에 매달린 그리움 _____ 17
건너지 못하는 강 _____ 18
낙엽 하나 _____ 19
나도 선비다 _____ 20
낙서 _____ 22
눈꽃 속에서 _____ 23
되돌릴 수 없는 사랑 _____ 24
떨림 _____ 25
말의 무게 _____ 26
미련의 착각 _____ 27
비내리는 날 선비 체험 _____ 28
사랑이란 이름으로 _____ 29
삶의 무게 _____ 30
시간아 멈추어 다오 _____ 31
안경 하나 _____ 32
유통기간 지난 나이 _____ 33
좋은 인연 _____ 34
텃골 영장산 _____ 35

목차

제2부 _ 묻어두고 싶은 나이 _____ 37

묻어두고 싶은 나이 _____ 38
가을 문턱에서 _____ 39
갈 길은 먼데 _____ 40
길은 먼데 _____ 41
내려놓음 _____ 42
내려놓음의 길 _____ 43
내일 또 만나요 _____ 44
발길을 잡는 향기 _____ 45
사랑이란 이름 _____ 46
삶의 애환 _____ 47
소화의 어려움 _____ 48
술 한잔의 목마름 _____ 49
슬픔이여 안녕 _____ 50
작아지는 나 _____ 51
잠깐만 _____ 52
잡동사니 _____ 53
커피잔에 가슴을 묻고 _____ 54
허전한 일요일 _____ 55
황홀 _____ 56

제3부 _ 참 좋은 인연 _ ____ 57

참 좋은 인연 _____ 58
가을하늘 아래 _____ 59
가을빛 속에서 _____ 61
가을의 무게 _____ 63
가슴앓이 사랑 _____ 64
구월의 끝자락에 _____ 65
궁평항에서 _____ 67
나그네 설음 _____ 68
남자의 일생 _____ 69
노을 속의 둥지 _____ 70
님이라 부르고 싶다 _____ 71
마음에 깃든 고마움 _____ 72
먼 산 보고 멍때림 _____ 73
바람 속 설렘 _____ 74
부모님의 그리움 _____ 76
빈 손에 남은 세월 _____ 78
사랑이 뭐길래 _____ 79
선생님 그립습니다 _____ 81
스며드는 선물 _____ 83
커피잔에 가슴을 묻고 _____ 84

목차

제4부 _ 깊은 어둠 속에서 _____ 85

깊은 어둠 속에서 _____ 86
비를 맞으며 _____ 88
난감하네 _____ 89
나의 친구, 담배 _____ 91
내일을 생각하며 _____ 92
명절 앞 카페 정원 _____ 93
명절의 풍경 _____ 95
정(情) _____ 96
빗속의 깨달음 _____ 97
사랑으로 바뀌는 악연 _____ 98
삼척 바다의 밤 _____ 99
성묘길에서 만난 행복 _____ 101
아름다운 삶 _____ 103
아이러니의 연기 _____ 105
오늘이 있음에 _____ 106
이런 친구 _____ 107
이택재 마당에서 _____ 108
한 송이 들꽃 _____ 109
추석의 인사 _____ 111
행복을 찾아 _____ 112

목 차

제5부 _ 향기나는 인생의 길 ___ 113

향기나는 인생의 길 _____ 114
공기에도 값이 붙을까? _____ 115
그 사람은 지금 _____ 117
그리움의 장난 _____ 118
나라 사랑 _____ 119
나이 값 _____ 120
낮잠의 이유 _____ 121
명절에 어머니 생각 _____ 123
배꼽시계 _____ 124
새안 중에 작은 소동 _____ 125
세월의 품격 _____ 126
쉬어가는 카페에서 _____ 127
시의 불씨 _____ 128
야속한 세월 _____ 129
이런 사람이 되고 싶다 _____ 130
이런 친구 _____ 131
이슬 같은 너 _____ 132
인생의 무게 _____ 133
입질의 순간 _____ 134

목차

제6부 _ 감빛 계절 _____ 135

감빛 계절 _____ 136
김장하는 날 _____ 137
메주의 향기 _____ 139
빈손 속에서 만난 나 _____ 140
사랑의 무게 _____ 141
우렁된장의 맛 _____ 142
휴지에 감사 _____ 143
자랑스런 사위 _____ 144
은행나무 아래에서 _____ 145
바람(風) _____ 146
낙엽(落葉) _____ 147
딸에게 _____ 148

편집후기 _____ 149

폼나는 낙서

안 용 환

제1부

폼나는 낙서

폼나는 낙서

허공에 끄적이는 낙서 한 줄
누가 보면 허투루 흘린 말 같지만
그 안에는 내 하루의 온도
지나친 바람의 방향이 숨어 있네

생각이 손끝에 걸려
휘청이며 떨어지는 순간
그건 이미 詩가 되어
내 마음을 대신 읊고 있지

멋을 부린 것도 아닌데
그럴듯하게 번져가는 먹물 자국
낙서는 어느새 폼이 되고
폼은 어느새 詩가 된다

의도치 않은 아름다움
그게 바로 詩의 시작이 아닐까

가을 문턱의 궁평항에

가을 문턱 일요일
바다 냄새 가드한 궁평항에
들어설 틈 없는 주차장은
사람들의 웃음으로 이미 가득 차 있었네

길가에 차를 세우고
횟집 문을 열자
싱그러운 바다의 빛깔이
상 위에 꽃처럼 피어나고

옆자리에서는
딸 부부가 친정 부모 모시고
따듯한 밥상을 대접하네
고개 숙여 음식을 권하는 눈빛 속에
곱게 빛나는 효심이 담겨
바닷바람보다 더 향기롭게 퍼진다

그 모습 바라보는 내 마음도
덩달아 환해져
흐뭇한 미소로
가을 햇살 속에 젖어 들었다

가을의 황홀

산마루에 물든 단풍잎
저마다 불꽃이 되어 타오르고
하늘은 높아 끝없이 열리며
바람은 은은히 곡식을 흔든다

황금빛 들녘 위로
기러기 떼가 흰 구름을 가르고
떨어지는 낙엽 하나에도
세월의 빛깔이 물든다

그 모든 장관 앞에
내 마음은 고요히 젖어든다
순간, 가을은 나를 품어
황홀이라 속삭인다

거미줄에 매달린 그리움

바람에 흔들리는 거미줄 위에
그리움 하나 매달렸다

손을 내밀어도
닿지 않고,
발길 닿아도
떨어지지 않는다

투명한 실 하나에
내 마음도 함께 매달려
조용히 흔들리며 버틴다

건너지 못하는 강

눈앞에 흐르는 강
물결은 부드럽게 반짝이지만
발걸음은 닿지 못한다

사랑이었나, 후회였나
지난 시간의 조각들이
물 속에 떠다니며
내 마음을 묶어 둔다

손을 내밀어도
닿지 않는 저 너머
강은 내 안에 남아
오늘도 잠잠히 흐른다

낙엽 하나

소하천 물길에 몸을 맡긴 낙엽 하나
흘러내리다 돌에 걸려
갈 듯 하다가 다시 멈추네

이 작은 잎새가 발버둥 치는 듯
흔들리다 고요히 머무는 모습
내 마음의 무거움과 다르지 않아
가만히 바라보는 눈시울이 젖는다

흐르는 물길은 쉼 없이 나아가는데
떠나지 못한 낙엽은
안쓰럽고 답답하여
마치 나의 그림자 같다

나도 선비다

순암 안정복 선생의 숨결 머무는
이택재에는
네 주 동안 어린이집 아이들이 찾아와
"나도 선비다" 선비 체험으로
어린이들의 웃음소리로 활기를 더 했습니다

작은 손에 입혀진 선비복은
낯설면서도 신비롭고
예절을 배우는 눈망울 속에
신비와 설렘을 전해 주어
옛 선비의 기품이 스며든다

아이와 스승이 하나 되어
웃음으로 수업을 채워가니
지켜보는 이의 마음까지
따뜻한 미소로 물든다

아쉽게도 내일이면
금년의 체험도 마무리 되지만
서운한 마음 달래며
내년을 기약해 본다

뜻깊은 자리를 이끌어 주신 선생님들과
정성으로 함께 해 주신 다락원 여러분께
감사를 드립니다
이천이십오년 구월 십칠일

낙서

예쁜 단어 하나 찾으려다
손끝만 굳어 버린다.
생각은 많은데
시어는 숨어 버린다

머릿속은 잡동사니 창고
빛나지 않는 말들만 넘실 거린다

에라, 몰라,
그냥 흘러가는 대로
폼나게 휘갈겨 보자

시가 아니어도 좋다.
낙서라 불러도 괜찮다

엉킨 글자 사이에서
내 마음이 웃고
어쩌면 거기서
시보다 더 솔직한
내가 나올지도 모르니까

눈꽃 속에서

고요히 쌓인 눈꽃 위에
지난 계절의 발자국이 숨는다.
하얀 세상은 깨끗하지만
내 마음속 먼지들은 그대로 남아 있다

눈송이 하나 또 하나
떨어질 때마다 스치는 기억들,
기쁨과 슬픔, 사랑과 이별
모두 얼어붙어 겨울 속에 잠든다

하얀 눈꽃 위를 걷는 걸음마다
살아온 날들의 무게가 느껴지고,
한숨 속에서도 희망은 반짝인다
그리하여 겨울은
차갑지만, 삶의 깊이를 가르쳐 준다.

되돌릴 수 없는 사랑

한때는 햇살처럼
눈부시게 스며들던 이름

손끝에 닿던 온기는
계절이 바뀌듯 멀어져 갔네

잡으려 하면
먼지처럼 흩어지고
기억하려 하면
눈물로 번지는 얼굴

뒤돌아선 길 위에는
이미 자국조차 희미하여
아무리 불러도
돌아오지 않는 메아리뿐

그러나 그대
내 가슴 속 깊은 자리에서
여전히 살아 꿈틀대는
되돌릴 수 없는 사랑이여

떨림

한 줄기 빛이 스며드는 순간
내 마음은 숨을 고르고 멈춘다

꽃잎 위에 내려앉은 햇살처럼
가벼운 떨림이 가슴을 흔들고

하늘과 땅이 맞닿는 그 자리에
나는 작은 점 하나로 서 있다

시간마저 발걸음을 잃고
숨결조차 투명해지는 순간

말로는 다 담지 못할 이름
바로 떨림

말의 무게

살다 보면
할 말, 못할 말, 해야 할 말이
하늘의 별처럼 흩어져 있다

하지만 구별하지 못한 말 한마디가
남의 가슴에 조용히 칼이 되어 꽂히고
때로는 돌아오지 않는 상처를 남긴다

말은 흘려보낼 수 있는 바람이 아니라
심장의 무게를 지닌 돌이니
오늘 내가 내뱉는 한마디가
누군가의 내일을 살릴 수도
혹은 잃게 할 수도 있음을 기억하라

조심스레 마음을 담아 말하라

미련의 착각

아직 남아 있는 마음이라 믿었는데
그건 나만이 착각이었다

돌아오지 않는 발걸음,
사라진 목소리 속에서
나는 혼자
기다림의 허공을 떠다닌다

미련이라 부르던 감정은
이미
내 안에서만 살고 있었다

비 내리는 날 선비 체험

이른 아침, 무겁게 내려앉은 하늘이 소낙비를
쏟아내는 가운데도
아이들은 선생님의 손을 잡고
이택재에 들어선다

선비 체험과 예절 교육에 환한 웃음을 지으며
혼신을 다해 배우는 일곱 살 아이들의 모습은
그 자체로 빛나고 귀했습니다

그 순간, 마치 순암 안정복 선생께서도
곁에서 흐뭇하게 웃음을 지으시는 듯한
따뜻한 기운이 느껴졌습니다

이 아이들이 선생님의 올곧은 삶을 본받아
예쁘게 자라나 훗날 나라의 큰 기둥이 되기를
간절히 기원합니다

이 길을 함께 지켜온 선생님들
다락원 회원님들께 감사드리며
광주시의 따뜻한 손길이
더 넓게 펼쳐져
아이들의 꿈과 미래를 밝혀 주길
간절히 바래본다

사랑이란 이름으로

험난한 세월
눈물은 강이 되고
고통은 돌이 되었지만

나를 지탱한 것은
사랑이란 이름이었다

삶의 무게

저녁 바람에 흔들리는 갈대처럼
내 마음도 흔들리며 길을 잃는다

지나간 날들의 그림자가
발걸음 따라와
조용히 등을 누른다

눈부신 날도 있었고
비 오는 날도 있었다
그 모든 날들이
내 안에서 차곡차곡 쌓여
무거운 숨결이 된다

그러나 작은 햇살 한 줄기
따뜻한 웃음 한 마디가
가슴 속 얼어붙은 눈을 녹인다

애환 속에서도
나는 오늘을 살아가고
오늘 속에서 다시 희망을 배운다

시간아 멈추어 다오

손끝에 닿는 이 순간
너무 빨리 스러지려 하네

바람이 속삭이고
햇살이 스쳐가는 틈에도
붙들고 싶다
지금, 여기, 우리

시간아, 멈추어 다오
이 웃음, 이 눈빛
이 가슴 떨림이
조금 더 오래 머물도록

안경 하나

세상은 날
늘 거칠게 비추고
때로는 왜곡해 보여

예쁘고 아름답게만
세상을 보고 싶은데
그 안경은 어디에 있을까

유리 너머 빛나는 세상
마음속 필터로만
조용히 만들어 보는
나만의 안경

유통기간 지난 나이

건강검진 안내문을 받아 들고
잠시 눈길 머물다
생각에 잠깁니다

이 나이에 병을 찾아낸들
치료라 한들, 수술이라 한들
얼마나 더 의미가 있을까

약을 삼켜도, 메스를 대어도
남은 세월은
이미 유통기한 지난 듯 느껴지고

괜스레 숫자로 메기는 수치들에
마음 졸이며 살고 싶지 않기에

차라리 모른 채
그냥 하루하루를
조용히 맞이하고 싶습니다

숨 쉬는 동안의 햇살
작은 바람결
그것으로 충분하다 생각하며

좋은 인연

스쳐 지나가는 사람들 속에서
눈길이 머물고
말 한마디가 마음에 씨앗을 틔웁니다

억지로 맺은 끈이 아니라
자연스레 이어진 실처럼
가볍고도 단단한 인연

때로는 위로가 되고
때로는 힘이 되어
하루를 견디게 하는
참 좋은 인연이여

돌아보니
인생의 보물은
화려한 것보다
곁을 지켜온 당신이었습니다

텃골 영장산

먼 조상의 하늘 아래
입향조 사간공 안성의 발걸음이 닿고
그 뒤를 이어 광양군 안황의 숨결이
스며듭니다

그 후손 순암 안정복 선생께서
학문과 곧은 뜻을 남기시고
이제는 영장산 자락에 고요히 잠드셨지요

푸른 숲을 병풍 삼고
맑은 바람이 지나는 그곳
텃골의 품은
대대로 지켜온 정신을 안고 있습니다

명당이라 불리지 않아도
조상의 얼이 깃든 곳
그 자취만으로도
이미 세상 그 어디보다 빛나는 자리가
되었습니다

제2부

묻어두고 싶은 나이

묻어두고 싶은 나이

안내문 한 장
살아 있음을 확인하라 재촉하지만
이제는 굳이 들춰볼 필요가 있을까

병명 하나 붙잡는다고
내 삶의 길이가 늘어날 리 없고
칼과 약이 붙잡아 주어도
이미 저물어 가는 해를 되돌릴 순 없으니

유통기한 지난 듯한 나이
숫자로 재는 수치보다
내일 뜨는 해가 더 소중하다

차라리 모른 채 살아가고 싶다
불안이라는 그림자를 등에 지느니
잠시라도 햇살에 기대어
바람결 따라 흔들리며 걷고 싶다

오늘이 마지막인 듯
그러나 평온히 웃으며
그저 있는 그대로를 품고 싶다

가을 문턱에서

하늘은 유난히 높고
먼 산은 발치에 와 닿는다

바람은 살갗을 스치며
새 계절의 문을 열어젖히는데

내 마음은 어쩐지
뒤숭숭 바람결에 흔들리고
발길은 제 자리를 떠나지 못한다

허전함이 가득 차올라
몸둘 곳을 찾지 못하는 일요일
가을은 이렇게
내 안에 먼저 스며든다

갈 길은 먼데

갈 길은 아득히 멀어
하늘 끝까지 이어진 듯한데,
내 신발의 뒷창은
벌써 닳아 떨어지고 있네

세월이란 길 위를 걸으며
수많은 돌멩이와 가시를 밟아왔지
그 상처가 쌓여
오늘의 낡은 신발을 만들었을까

그러나 멈출 수는 없네,
비록 발자국마다 아픔이 스며들어도
가야 할 길은 아직 남아 있으니

저 멀리 어렴풋이 빛나는
희망의 등불 하나를 바라보며
나는 맨발의 용기로라도
다시 길 위에 서리라

길은 먼데

갈 길은 먼데
신발 뒷창이 떨어졌네

돌밭 위를 걷고
가시밭 위를 걷고
그런 발자국 위에
오늘도 나는 서 있네

희망이 저 멀리 빛나도
발은 맨몸 그대로
그래도 걷는다
길 위에 남은 흔적마다
조금씩 나를 만든다

내려놓음

근심을 놓으면
마음이 가벼워지고

욕심을 버리면
행복이 찾아온다

알면서도 쉽지 않은 길
그러나 그 길 끝에
참된 내가 서 있으리라

내려놓음의 길

가슴에 겹겹이 쌓인
근심의 돌덩이
욕심의 가시덤불이
나를 짓누르네

손끝으로 조금만 풀어내어도
새벽바람처럼 가벼워질 것을
알면서도 차마 놓지 못하는
미련의 끈이 나를 잡네

언젠가 고요한 강물 위에
잎새 하나를 흘려보내듯
근심도, 욕심도
그저 떠나가게 하리라

그때야 비로소
내 안의 빈자리에
햇살이 스며들고
참된 행복이 꽃처럼 피어나리

내일 또 만나요

오늘의 인사는
조금 이른 작별 같지만
그대 눈빛에 담긴
미소가 남아
내 마음을 따스히 감싼다

시간은 흐르겠지만
해는 다시 떠오르고
바람은 같은 길을 지나
나는 속삭인다

짧은 기다림 속에도
우리의 이야기는 계속되리
한 걸음 뒤
또 다른 미소로
내일의 약속을 건네리

발길을 잡는 향기

참새가 방앗간을
그냥 지나치지 못하듯
내 발길도 아산의 길목에서
늘 멈추곤 하네

수많은 집들 사이
굳이 그곳만 찾는 까닭은
달콤한 맛 때문만은 아니요
마주한 마음의 온기 때문이라

볼 일 없는 길에서도
굳이 발길을 머무르게 하는 힘
그것은 다름아닌
따스히 건네는 친절
사소한 말 한마디에 담긴
사람의 향기이네

내 마음은 오늘도
그 인연에 이끌려
작은 미소를 품은 채
호두과자를 품고 돌아오네

사랑이란 이름

험란한 세월의 길 위에서
눈물은 강이 되고
고통은 돌이 되어 발걸음을 막았지만

스러질 듯 흔들리던 나를
다시 일으킨 건
보이지 않는 따스한 손길이었다

그 손길의 이름은 슬픔이 아니라
희망이었고
고통이 아니라
사랑이었다

세상은 험해도
사랑이란 이름으로 견뎌낸 삶
그것이 오늘의 나를 만든다

삶의 애환

갈대가 흔들리는 저녁 바람 속
내 마음도 조용히 흔들린다

지난날들의 그림자가
발걸음을 따라와 무겁게 누른다

비 온 날의 기억
눈부신 날의 기억
모두 내 안에 쌓여
숨결로 흐른다

그러나 작은 햇살 한 줄기
따뜻한 웃음 한 마디가
차가운 마음을 녹인다

오늘도 나는
애환 속에서 희망을 배운다

소화의 어려움

입 안 가득 물린 말과 기억들
넘치도록 삼켜도
속은 텅 빈 듯 답답하다

쓴맛과 단맛이 뒤섞인 하루
조금씩, 천천히
내 안에서 소화되기를 기다리지만
쉽게 내려가지 않는다.

마음도 몸도
오늘의 무게를 품고
조용히 버틴다

술 한잔의 목마름

잔 속에 담긴 빛을 바라보며
가슴 한켠이 텅 빈 것을 느낀다

한 모금 넘어가는 쓴맛 사이로
오늘의 피로와 지난 기억들이
조용히 스며든다

술잔은 채워도
목마름은 남아
마르지 않은 갈증으로
밤을 적신다

슬픔이여 안녕

긴 밤을 지새운 눈물의 강도
이제는 바다로 흘러가리

나를 짓누르던 무거운 그림자여
떠나는 발걸음에 발목을 잡지 말라

슬픔이여 안녕
너로 인해 나는 아팠으나
너로 인해 나는 더욱 깊어졌다

이제는 새벽을 맞을 시간
어둠을 털고 빛을 품으리

슬픔이여 안녕
내 안의 또 다른 시작을 위하여

작아지는 나

거짓이 춤추는 골목길을 걸으며
모함들이 내 어깨를 누른다

왜 나는
그 속에서 작아지는가,
말 한마디, 눈빛 하나조차
숨죽여야 하는 이 사회에서

그러나 내 안에는
작지만 꺼지지 않는 불꽃이 있다
조용히 타오르며
언젠가 진실 앞에
나를 다시 세우리라

잠깐만

성급한 발걸음
돌부리에 걸린다

순간의 결단
뒤늦은 후회로 번진다

그때
숨 한번 고르고
"잠깐만"

그 한마디가
내 삶을 지켜낸다

잡동사니

허투루 쌓인 것 같아도
버려진 것 같아도
모두가 삶의 조각들

빛나지 않아 잡동사니라 부르지만
그 속에는 웃음도 있고
눈물도 있고
역사의 무게마저 깃들어 있네

하찮게 여긴 단어 하나가
시간을 건너와
오늘의 나를 비추는 거울이 된다

순안 안정복 선생께서 만들어 낸
잡동사니
너야말로 가장 정직한
삶의 기록이다

커피잔에 가슴을 묻고

고요한 아침
잔 속에서 피어오르는 향기에
외로운 마음을 살며시 기대어 본다

세상에 홀로 남은 듯한 순간에도
따스한 김은 내 어깨를 감싸고.
쓴맛 사이로 스며드는 온기는
마음을 조용히 달래 준다

커피잔에 가슴을 묻고
천천히 마주 앉다 보면
고독은 더 이상 두려움이 아니라
나를 지켜주는 벗이 된다

잔이 비워질 때쯤
나는 이미 조금은 단단해져
새로운 하루를 맞을 준비를 한다

허전한 일요일

오랜만에 열린 하늘은
맑고도 높아
푸른 기운이 가슴을 적신다

먼 산은 가까이 다가와
손만 뻗으면 닿을 듯 서 있고,
바람은 계절의 새 문턱을 넘어
시원한 인사를 건네온다

그러나 내 마음은
바람처럼 가볍지 못하고
뒤숭숭한 파도에 흔들린다.
발길은 차마 떼지 못한 채
제자리를 맴돌고,

허전함이 가슴 가득 번져
몸 둘 곳을 잃은 오늘
나는 한없이 작아진다

이렇듯 계절은 환하게 웃으며 오는데
내 마음은 아직 그 미소를
다 받아 안지 못한다

황홀

해질녘 산자락 물드는 붉은 노을
바람은 솔잎을 스치며 노래하고
강물은 금빛 물결로 흔들린다

저 들꽃 하나의 미소 속에서
내 마음은 길을 잃고
새가 하늘을 가르며 날아오를 때
나는 하늘의 일부가 된다

모든 것이 하나로 이어지는 순간
말없이 가슴을 적시는 황홀이란 단어

제3부

참 좋은 인연

참 좋은 인연

수많은 얼굴 속에서
우연처럼 다가온 그대
내 마음은 알았습니다
이 만남이 필연임을

함께 웃고 울며
계절을 건너온 날들
언제나 내 곁을 지켜준
따스한 그 손길

사랑이라 부르지 않아도
이미 사랑이 된 마음
돌아보니
내 인생의 가장 큰 선물은
그대라는 참 좋은 인연입니다

가을 하늘 아래

오늘의 하늘은 오랫만에 맑고 투명하다
구름 한 점 없이 열려 있는 푸름은
끝없이 높아져만 가고
그 아래 먼 산은 마치 발치까지 다가와
나를 둘러싸듯 서 있다

바람은 선선하게 불어와
온몸에 가을의 기운을 채워 넣고
들녘에는 벼 이삭이 고개를 숙이고
들꽃은 마지막 빛깔을 피워내며
짧은 계절을 환히 장식하며
나무들은 조금씩 붉고 노랗게 변하며
새로운 옷을 갈아입고 있다

이렇듯 세상은
가을을 맞이하는 기쁨으로 가득 차 있는데
내 마음은 왜 그에 화답하지 못하는가
청명한 하늘을 바라보면서도
허전함이 가슴을 메우고
발길은 어디로 향해야 할지
머뭇거리기만 한다

일요일의 고요 속
계절은 한발 앞서 다가와 나를 감싸는데
나는 그 품 안에 들어가지 못한 채
문 앞에서 서성인다
풍요롭고 아름다운 풍경 앞에서도
비워지지 않는 허전함
그것이 어쩌면 내 안에 남은
지난 세월의 그림자일지도 모른다

오늘, 나는 다만 멈추어 서서
가을빛 속에 깃든 저 풍경에 취해
언젠가 이 허전함조차
가을 하늘의 한 조각으로 스며들기를 바라며

가을빛 속에서

하늘은 유리처럼 맑아
끝없이 높이 열려 있고
햇살은 금빛 비단처럼
들녘에 고요히 깔린다

먼 산은 짙푸른 선을 드리우며
가까이 다가와 나를 부르고
산허리엔 붉게 물든 나뭇잎이
바람결마다 흔들려 인사한다

바람은 들꽃 향기 실어 나르고
논두렁엔 벼 이삭 고개 숙여
가을의 깊음을 노래한다

그러나 풍요로운 이 계절 앞에서
내 마음은 아직 어수선하여
발길은 한곳에 묶인 듯 풀리지 않고
허전함이 고요를 가득 채워
이 아름다움조차 온전히 품지 못한다

계절은 이렇게 눈 부신 빛으로 다가와
나를 안아주려 하지만

오늘도 하늘만 바라보며
작은 쉼표 하나를 찾고 있다

가을의 무게

산자락에 물든 붉은 단풍
빛나는 순간에도 마음은 무겁다

하나둘 떨어지는 낙엽을 보며
지난날들의 발자취가 떠오른다

그 속에 기쁨도 있었고
슬픔도 있었다
바람에 흩날리는 잎사귀처럼
내 마음도 어딘가로 흘러간다

가을은 아름답지만
그 빛 속에서 삶의 무게와
조용한 슬픔을 배우게 한다

가슴앓이 사랑

내 안에서
조용히 끓는 이름
말없이 스며드는
너의 그림자

숨 쉴 때마다
가슴이 저며오고
웃을 때조차
너를 부르는 마음은
아픔과 설렘 사이를
끝없이 오간다

사랑이여
가슴앓이처럼
쓰라리지만
그래도 나는
너를 놓지 못한다

구월의 끝자락에

구월의 마지막 일요일
선조님 모신 납골 앞에 서니
아들의 땀의 흔적
벌초로 단정히 다듬어진 계절
그 고요 속에서
어린 시절의 웃음소리가 바람결에 스칩니다

널부러진 시어를 잡으려 하면 스러지고
품으려 하면 멀어지는 추억이지만
허공에 손을 뻗어도
가을 바람은 차갑게 흩어지고
머릿속은 텅 빈 들판처럼 쓸쓸합니다

할아버지, 할머니
이 손주가 글로 다 표현하지 못해
그저 죄송한 마음만
가슴 가득 안고 섭니다

하늘빛처럼 투명하게
낙엽 향기처럼 진하게 남아
오늘의 나를 감싸줍니다

구월 끝자락
깊어가는 가을빛 속에서
나는 고개 숙여 속삭입니다
할아버지 할머니
그리움으로 언제나 곁에 머물겠습니다

궁평항에서

맑은 날씨는 아니어도
궁평항은 밝고 활기로 가득 하네

바다로 뻗은 데크 다리 아래
낚시줄 흔드는 사람들
조개를 캐는 손길이
바다의 숨결을 따라 분주하다
다리 위에 서서 바라보니
수평선 끝에서
바다가 하늘로 빨려드는 듯
끝없는 길이 이어지고

멀리 작은 섬 하나
고요히 떠올라
무슨 꿈을 꾸고 있을까 묻는다

바다 앞에 서면
내 마음은 어느새
바다가 되고
하늘이 된다

나그네 설음

몸도 마음도
모두 비어
빈털터리 신세

해는 서산에 기울고
앞날의 길마저
자취를 감춘듯하다

발자국마다 쓸쓸함이 묻고
세월은 말없이 따라오며
나를 더 깊은 고요 속에 밀어 넣는다

허나 이 길 또한
나만의 여정이기에
설움조차 동행 삼아
조용히 하루를 감싸 안는다

남자의 일생

해야 할 일은 산처럼 쌓였건만
손에 쥔 것은 바람뿐
마음은 무거운 돌처럼 가라앉는다

어둠에 깔려 길은 보이질 않고
석양의 긴 그림자를 늘여 놓는다

젊어서는 앞만 보고 달렸고
중년엔 발자국을 돌아볼 틈조차 없었는데
이제 황혼의 길목에 서니
어디로 가야 할지

그러나
비록 걸어온 발걸음마다
허전함이 남는다 해도
그 또한 나의 일생인걸

노을 속의 둥지

반평생 햇빛 없이 살아
황혼에야 따스한 빛이 스며든다

모든 시름 내려놓고
바다를 바라본다
파도 속에서 남은 날들을 꿈꾸며

바닷가 마을에 둥지를 틀고
노을 아래 여생을 노래하리

님이라 부르고 싶다

바람 속에서
문득 그대 얼굴이 떠오른다

말하지 못한 마음은
입술 위에서 맴돌고
가슴속 깊은 곳에서는
이미 님이라 부르고 싶다

멀리 있어도
보이지 않아도
내 안의 모든 걸로
그대를 부르고 싶다

밤하늘 별빛 하나에
숨죽인 마음을 기대며
님이라 부르고 싶다

마음에 깃든 고마움

하루의 시작, 비치는 햇살에
그 빛을 맞이할 수 있음에 감사한다

고단한 길 위에서 함께 걸어주는 발자국들
그 곁에 머물러 주어 감사하다

눈물이 흘러도
그 눈물이 나를 단단하게 만들어 주었으니
감사하고

아픔이 찾아와도
그 아픔이 나를 깨우쳐 주었으니 감사하다

감사는 거창하지 않다
숨 쉬는 이 순간
마음을 주고받는 작은 인연 속에서
삶은 이미 충만하다

오늘 내 곁에 머문 모든 것에게,
그리고 내일을 기다리는 나 자신에게
깊은 마음으로 감사한다

먼 산 보고 멍때림

창 너머 먼 산
그냥 바라본다
아무 생각 없이
그냥 멍하니

바람도, 시간도
내 마음 곁에서
조용히 쉬고 있다

내 안의 소음은 멀어지고
세상은 잠시
숨을 고른다

바람 속 설렘

산길을 따라 걸으면
가을바람이 살짝 스쳐 지나가고
햇살은 나뭇잎 사이로 부드럽게 스며든다
하늘은 맑고 투명하여
숨 쉬는 것만으로도 마음이 설렌다

땅 위에는 아직 초록을 머금은 풀과
노랗게 물든 나뭇잎이 섞여
깨끗하고 고요한 풍경을 만든다
바람에 흔들리는 낙엽 하나가
살며시 내 시선을 붙잡는다

떨어지는 순간
그 낙엽은 어쩔 수 없는 서글픔을 안고 있지만
그 모습마저도 아름답다
쓸쓸함과 설렘이 한데 어우러져
내 마음을 살며시 흔든다

나는 잠시 걸음을 멈추고
낙엽의 속삭임을 듣는다
바람과 햇살과 고요 속에
내 마음도 스며든다

가을은 그렇게
서늘한 설렘과 달콤한 쓸쓸함을
조용히 안겨주는 계절이다

부모님의 그리움

얼굴과 모습조차 이제는 가물 가물
그러나 흑판 앞에 白墨을 들고 계시던 아버지의
뒷모습은
아직도 또렷합니다
백묵가루 묻은 손끝에서
아이들의 꿈이 피어나던 순간들
그 모습이 얼마나 자랑스러웠던지요

부엌 안쪽
날렵하게 손을 놀리며
살림을 꾸리시던 어머니의 발걸음
시 부모님 시중들며 섬기시는
그 소리조차 마음 깊이 스며
오늘도 귓가에서 아른거립니다

학교에 다닐 나이도 아닌 내가
아버지 따라가겠다 졸라대면
빈 도시락 하나 싸 주시던 어머니
그 허기진 도시락조차
어린 마음엔 세상 가장 든든한
보물이었습니다

아, 그 시절이 엊그제 같은데
이제는 바람에 흩날리는 먼지처럼
그리움만 남아
내 가슴속에서 빛나고 있습니다

빈 손에 남은 세월

길은 멀리 사라지고
발길은 제자리를 맴돌 뿐
서산에 기우는 해는
내 뒷모습을 길게 끌어당긴다

해야 할 일은 아직 저만치 남아
손에 닿지 않고
가슴은 답답한 연기처럼
흩어지지 못한 채 맴돈다

젊음은 불꽃 같아
쉬지 않고 달려왔건만
뒤돌아보니 바람뿐
빈 손에 남은 건 세월의 그림자

이제 저무는 빛 속에 서서
나는 묻는다
문패도 걸어보지 못한 채
한 생의 무게는 무엇으로 남을 것인가
허망한 바람일지라도
뜨겁게 견뎌온 날들이
곧 남자의 일생이라

사랑이 뭐길래

사랑이 뭐길래
사람의 마음을 흔들고
하루를 가볍게도, 무겁게도 만드는 걸까

사랑은 꼭 밝고 달콤하지 않아도 된다
때로는 조용히 곁에 머물며
말없이 마음을 지켜주는 것일 수도 있고
때로는 상처와 아픔 속에서
나를 성장하게 하는 힘일 수도 있다

사랑이 뭐길래
멀리 있어도 그리움으로 다가오고
헤어짐조차 기억 속에서 따스함으로 남는 걸까

사랑은
거창하지 않아도 좋다
순간순간 마음을 주고받는 작은 배려
눈빛 하나, 손길 하나,
그 안에서 이미 충분히 존재한다

사랑이 뭐길래
우리를 울리고, 웃게 하고

때로는 고단하지만
끝내 삶을 깊고 넓게 만드는 걸까

아마 사랑이란
이 모든 것을 견디고 받아들이며
마음으로 느끼는
가장 평범하면서도 위대한 존재 아닐까

선생님 그립습니다

그 옛날 국민학교 시절
하얀 입김 가득한 아침 교실에 들어서면
조개탄 난로가 벌겋게 타올라
언 손끝과 마음까지 녹여 주었습니다

난로 위엔 도시락들이
두 줄로 높게 포개어 올라
김이 피어올랐고
그 사이엔 선생님의 도시락 세 개도
언제나 함께 놓여 있었습니다

점심시간이면 선생님은 늘 말씀하셨지요
나는 배가 아파서 점심을 먹을 수 없으니
도시락 없는 사람은 가져다 먹어라

어린 나는 그 말이 참 이상했습니다
어째서 선생님은
날마다 배가 아프신 걸까

이십이 넘어서야 알게 되었지요
그 아픔은 허기가 아니라
굶주린 우리를 향한 따스한 사랑이었음을

조개탄 불꽃처럼 조용히 타올라
교실 가득 퍼져 나가던 마음이었음을

선생님
그 겨울의 난로 불빛처럼
당신의 사랑은 지금도 내 기억 속에서
따뜻하게 타오르고 있습니다

그리움이 차오를수록
당신의 도시락 같은 마음이
더욱 그리워집니다

스며드는 선물

삶의 길에는 수많은 발걸음이 스쳐 지나간다
그 가운데 유독 마음에 남아
오래도록 빛을 내는 인연이 있다

처음엔 우연처럼 다가왔으나
되돌아보면 꼭 필요한 순간에
나를 지탱해 준 손길이었음을 깨닫게 된다

좋은 인연은 소란스럽지 않다
햇살처럼 따스하고
바람처럼 막힘없이 다가와
묵묵히 곁을 지킨다

멀리 있어도 마음은 가까이 이어지고
헤어짐조차 감사로 남아
삶을 더 깊고 향기롭게 만든다

좋은 인연은
잡으려 애쓰지 않아도 스며드는 선물
시간을 넘어 영원히 빛나는 보물이다

커피잔에 가슴을 묻고

새벽 창가에 홀로 앉아
따뜻한 김 피어오르는 잔을 들면
어제의 상처와 오늘의 허기가
고요히 녹아 내린다

쓴맛에 스며든 기억들
달콤한 향에 잠시 가려져
눈물인지, 미소인지 모를 감정이
입술 끝에 머문다

커피잔에 가슴을 묻고
한 모금 삼키면
세상은 잠시 멈추고
내 안의 시간만 천천히 흐른다

잔이 비워질 즈음
나는 조금은 가벼워져
다시 하루를 시작할 용기를 얻는다

제4부

깊은 어둠 속에서

깊은 어둠 속에서

밤은 길고
가슴속 소리는 끝없이 울린다

모든 것이 무겁고
살아간다는 것이 너무 버겁다
가슴을 도려내고 싶은 마음
세상 끝으로 달아나고 싶은 마음
숨조차 버거운 이 밤

하지만
숨은 남아 있다
손끝에 남은 작은 힘으로
내 마음을 붙잡는다

어둠 속에서도
한 줄기 숨이
작은 손길이
나를 부르고 있다는 것을
나는 잊지 않으려 한다

오늘도 천천히
아주 천천히

가슴을 달래며
어둠 속에서 숨을 내쉰다

비를 맞으며

비는 내리는데
피할 생각도 없이
그저 맞으며 걷는다

조용히 고대 숙인 채
한 걸음, 또 한걸음
마음의 무게를 씻어내듯
묵묵히 길 위를 따른다

빗물은 차가운데
이상하게 따뜻하다
아마도 내 안의 슬픔이
조용히 녹고 있기 때문이리라

난감하네

급한 걸음에 문을 닫고
앉자마자 한숨 돌리는 그때
철퍽
물결 위로 떨어지는 소리에
가슴이 철렁 내려앉는다

뒷주머니에 있던 휴대전화
중요한 것이 모두 저장된 친구
순간의 실수로 변기통에 잠기네

물을 내리고 또 내리고
휴지를 말아
조심스레 건져 올려 보지만
손바닥에 남은 것은
젖은 기계와 허망한 웃음뿐

세월 따라 쌓아둔 추억과 기록
순간에 흘러가 버리고
작은 방심 앞에
또 하나의 교훈을 배운다

웃자니 짜증이 앞서고
울자니 웃음이 터지니
참으로 인생이란
이토록 난감한 순간들의 연속

그러나 허탈함 속에서도
삶이란 결국
잃고 웃고, 다시 채우는 것임을
알게 된다

나의 친구, 담배

힘든 날이면
묵묵히 내 손끝에 머물러
말없이 내 숨을 채워주는 친구

생을 포기하려던 순간에도
내 마음을 붙잡아
조용히 나를 여기 머물게 하는 친구

사람들은 그저 습관이라 하지만
나에게는
삶의 흔적과 위로를 함께 나눈
가장 오래된 친구

내일을 생각하며

어제는 이미 지나간 이야기다
되돌릴 수 없기에 그 속에서 배움을 찾는다
후회는 괴로움이 아니라 성장의 다른 이름이다

나는 어제의 그림자를 밟으며 걷는다
실수와 아픔이 발자국처럼 남지만
그 자취 위에
새로운 길을 그려나가는 것이 인생이다

오늘은 어제와 내일을 잇는 다리이다.
반성으로 다져지고 희망으로 이어진다
내일은 스스로 빚어내는 조각품
어제의 잘못이 밑그림이 되고
오늘의 결심이 색을 입힌다

그러나 다시 일어나자
흘러간 시간을 탓하지 말고
다가올 시간을 믿으며 나아가자
반성으로 어제를 정화하고
창조로 내일을 새롭게 세우는 것
그것이 삶이다

명절 앞 카페 정원

갈 곳 없어 찾아든
카페 정원 연못
금붕어는 물결 속에 떠 있고
노랗게 물든 단풍잎은
가만히 바람을 견디고 있다

눈으로 말을 걸어도
돌아오는 건 물결뿐
풀리지 않는 내 마음은
더욱 조용히 흔들린다

둘러보면 가족 단위로 모여
웃음과 담소가 오가는데
그 사이에 앉은 나는
혼자라는 것이
이토록 깊은 구덩이일 줄
이제야 느낀다

가족이라는 굴레가 벗겨지면
자유일 줄 알았던 내 삶이
이토록 추울 줄
왜 미처 몰랐을까

생의 끝자락을
손끝으로 더듬듯
떠나고 싶은 생각이
뿌리처럼 내려앉지만

멀리 떠나
몇일 만이라도
내 마음을 가다듬어 보리라
명절 앞에 이 시간
내 안의 겨울이
조용히 눈을 뜬다

명절의 풍경

어린 시절의 명절은
기다림만으로도 설레었다
새 옷, 북적이는 집안
웃음 가득한 마당이 눈부셨다

이제는
가족이 함께 모여
한 상을 나누는 것만으로도
충분하다 느끼며

정겨운 인사를 담아
이웃에 작은 선물을 전하고
조상님께 제향을 올리며
그 하루의 의미를 새긴다

긴 연휴가 되니
여행길에 오르는 것도 좋지만
돌아오는 발걸음마다
결국은 "함께"라는 두 글자를
되새기게 된다

정(情)

정이란 게 무엇이기에
가슴이 이렇게 아리던가
헤어져도 미워할 수 없고
미워하면서도 잊지 못하네

때로는 나를 다치게 하고
때로는 나를 살게 하는 것
그 이름 하나…

정情

주지 않아도 흐르고
끊으려 해도 이어지는 실처럼
사람과 사람을 엮는다

나는 알고 있다
이 마음이 나를 괴롭히면서도
결국 나를 사람답게 만드는 것을

그래서 오늘도
미워도, 아파도
다시 베풀고 마는
내가, 또 미워지지만
그 미움마저도 정이려니…
조용히 나를 달래본다

빗속의 깨달음

비를 맞으며 조용히
길 위를 떠돈다

빗물 속에서
나의 흔적은 사라지고
마음도 물결처럼 흘러간다

모든 것은 지나가고
모든 것은 머문다
비를 맞는 이 순간
나는 나 자신과 조용히 마주한다

사랑으로 바뀌는 악연

삶의 길 위에는
우연히 만난 사람들뿐 아니라
마음에 상처를 남긴 인연도 있다

처음에는 아픔으로 남아
마음을 조여 오던 그 인연도
돌아보면 나를 깨우치고
성장하게 만든 소중한 경험임을 알게 된다

악연이라 부르던 관계 속에서도
배움과 이해, 용서의 씨앗이 자라
마침내 사랑으로 바뀌는 순간이 있다

사랑은 반드시 달콤하지만은 않다
때로는 거칠고, 때로는 쓰라리지만
그 안에 담긴 진실과 깨달음을
마음 깊이 받아들일 때
삶은 한층 더 넓어지고 깊어진다

악연도 사랑으로
서서히 스며드는 것을 느낄 때
나는 비로소 모든 만남에 감사하게 된다

삼척 바다의 밤

가정사의 폭풍이
가슴 한켠을 휘저어 놓아
갈곳 몰라 떠난 삼척 바다

높은 절벽 위
소주 한 병, 담배 한 갑
그들이 오늘의 친구가 되었다

바위에 부숴진 파도는 튀어 올라 묻는다
"너 아직 버틸 힘이 남았느냐"
대답 대신
연기 한 모금 길게 내뿜는다

그 연기 따라 흩어지는
후회와 미련 분노와 슬픔
밤 하늘은 그 모든 걸
조용히 삼켜 주었다

해가 떠오르자
바다는 어제와 같았지만
내 마음엔 작은 변화가 있었다

담배 한 개비가
결단의 불씨가 되어
다시 걸어야 할 길을
조심스레 밝혀주었다

성묘길에서 만난 행복

추석 성묫길,
골짜기 길목에서 잠시 발길을
멈추었습니다. 넝쿨 속에는 해마다 그러하듯
으름이 주렁주렁 달려 있었습니다.
까만 씨를 드러내며 벌어진 열매는 지나가는 이
의 손길을 기다리는 듯했습니다.
옆 다래 넝쿨에도 초록빛 열매가 탐스럽게 매달
려 있어 두 봉지에 가득 담았습니다.

성묘를 마친 뒤 준비해 온 송편과 과일을
풀어놓고 가족이 둥글게 둘러앉았습니다.
그 옆에는 갓 따온 으름과 다래가 놓였습니다.
낯설고도 소박한 차림이었지만 그 자리에는
정겨움이 넘쳤습니다

손주들은 처음 보는 열매가 신기했는지
물었습니다.
"이게 뭐예요?"
나는 웃으며 대답했습니다.
"으름은 국산 바나나, 다래는 국산 키위란다."

아이들은 호기심 가득한 눈으로 열매를 입에 넣었습니다.
으름은 씨를 그대로 삼켜야 해서 잠시 서툴러 했지만, 곧 달콤함에 눈을 반짝였습니다.
다래는 말랑한 것만 골라 먹으며 새로운 맛에 연신 웃음을 터트렸습니다.

그 웃음소리 속에서 깨달았습니다.
행복은 멀리 있지 않다는 것을
송편과 과일, 그리고 이름조차 생소한 으름과 다래가 함께 어우러진 자리,
가족의 웃음이 울려 퍼지는 그 순간이
바로 삶의 기쁨이었습니다.

추석 햇살 아래
나는 다시 마음에 새겼습니다.
사람 사는 즐거움은 거창한 데 있지 않고
이렇게 작고 소박한 나눔 속에 있다는 것을…

아름다운 삶

바람은 늘 불어온다
때로는 맞서야 하고
때로는 그냥 지나가게 둬야 한다

넘어짐이 부끄럽지 않다
그 자리에서
다시 일어나는 법을 배우면 된다

가진 것이 많을수록
내려놓을 줄 알아야 하고
말이 많을수록
침묵이 지혜가 된다

햇살이 너무 눈부시면
그늘을 찾듯이
삶도 밝음만으로는
온전하지 않다

어제의 상처가
오늘의 깨달음이 되고
내일의 길이 된다

아름다운 삶은
끝내 버티는 마음
그 안에서 피어나는
조용한 미소 하나이다

아이러니의 연기

구석진 골목, 흡연구역 하나
그마저 사라져 가는 세상

손끝에 피워 올린
하루의 피로와 한숨이
바람결에 흩어지면
잠시나마 마음이 가벼워지는데

누군가는 그 연기를
죄처럼 몰아세우고
누군가는 그 냄새 속에서
지난 청춘의 그림자를 본다

스트레스를 태워 없애려는 마음이
결국 나를 태운다 해도
오늘만큼은 이 작은 불씨에
세상의 냉정함을 녹여본다

연기처럼 사라지는 쉼터
아이러니한 세상 속에서
애연가의 자리 또한
조용히 지워져 간다

오늘이 있음에

오늘이 있음에
숨 쉬는 공기마저 고맙습니다

햇살 한줄기에도 마음을 쬐어
지난 근심을 털어 냅니다

내일의 계획이 있어
나는 다시 꿈을 꿉니다
희미한 빛이라도 따라가면
행복은 늘 그 길 끝에 서 있겠지요

오늘을 감사로 채우고
내일을 희망으로 엮습니다
그것이 내 삶의 가장 아름다운 하루입니다

이런 친구

비 오는 날
우산 없이 걸어도
묵묵히 함께 젖어주는 친구

내가 말없이 하늘만 바라볼 때
굳이 이유를 묻지 않고
옆자리의 바람을 가만히 나눠주는 친구

좋은 날엔 웃음을 더 크게 키워주고
힘든 날엔 침묵으로 등을 토닥여 주는
그런 친구 하나 있다면 좋으련만

세월이 흘러 백발이 되었건만
그 이름만 들어도 마음 따뜻해지는
멀리 있어도 마음속에 늘
봄 햇살처럼 머무는
그런 친구 하나 있다면
삶이 조금은 덜 쓸쓸하겠지

이택재 마당에서

개천절의 맑은 날
후손들이 모여
이택재 마당을 정갈히 쓸어낸다

돌바닥에 이끼와, 낙엽
세월이 남긴 묵은 흔적을 걷어내니
담장과 기둥에도
선조의 물결이 새로이 일어난다

손길마다 담긴 정성은
향과 제물보다 깊고
땀방울은 감사의 노래가 되어
하늘빛에 스며든다

형제들아 고맙다
오늘 우리가 닦아낸 것은
마당과 계단의 이끼와 먼지가 아니라
선조를 향한 그리움이었다

한 송이 들꽃

세월은 강물처럼 흘러가고
돌아오지 않는 순간마다
우린 조금씩 배워간다

때로는 넘어져야
길의 굴곡을 알고
잃어버려야
가진 것의 소중함을 깨닫는다

많이 가질수록
마음은 비워야 하고
빨리 가려 할수록
한 걸음 멈출 줄 알아야 한다
지혜는
책 속에만 있는 것이 아니라
눈물과 웃음 사이
그 사이의 고요 속에 피어난다

오늘의 괴로움도
내일의 깨달음이 되고
끝처럼 보이던 길 끝에서도
새로운 길이 열린다

삶의 지혜란
흔들리되 부러지지 않는 것
무너져도 다시 피어나는
한 송이 들꽃의 마음이다

추석의 인사

달빛이 둥글게 뜨는 밤
고향의 길목에도
마음은 쉽게 열리지 않는다

하지만 그리움은
조용히 스며든다.
한숨 대신 웃음을 띠우고
말 대신 따스한 눈길로
서로를 안아본다

"잘 지내셨나요"
작은 인사 한마디가
긴 시간의 벽을 허물고
마음의 문을 활짝 열어준다

추석은 말없이도
서로를 품는 계절
닫힌 마음도
햇살과 달빛 속에서
조금씩 녹아간다

행복을 찾아

오늘이 있음에
나는 존재의 의미를 느낍니다

스치는 바람도
잠시 머무는 햇살도
모두 나를 깨우는 감사의 손길입니다

내일의 계획이 있음에
나는 다시 걸을 이유를 찾습니다
작은 목표 하나가
삶을 빛으로 물들입니다

지금 이 순간
감사와 희망이 나를 채웁니다.
그것이 곧 행복임을
나는 조용히 깨닫습니다

제5부

향기나는 인생의 길

향기 나는 인생의 길

허공을 맴도는 바람 속에
내 삶의 향기가 스며든다
때로는 진한 커피처럼 쓸쓸하고
때로는 봄꽃처럼 은은하네

가다 보면 향이 옅어질 때도 있고
돌아서면 또다시 피어오르지만
그 길 위에 모든 냄새가
결국은 나 라는 이름으로 남는다

허공을 떠도는 향기라 해도
스쳐간 인연마다 흔적이 되고
그 향에 취해 다시 걷는 걸음
이 또한 아름다운 인생의 길이리

공기에도 값이 붙을까?

몇 해 전
누군가 그랬다
앞으로는 물도 사 먹는 세상이 올 거라고

그땐 모두 웃었다
설마, 물을 돈 주고 마신다고?

그런데 지금
맑은 이름을 단 병들이
진열대 위에 반짝이며
값표를 달고 서 있다

물은 이제
돈으로 사는 생명이다

문득 하늘을 올려다본다
이러다 언젠가
공기에도 값이 매겨지지 않을까

그날이 오기 전
나는 오늘
숲길을 걸으며 깊게 숨을 쉰다

바람 속 섞인
풀 냄새와 햇살 한 줌
아직은 공짜인 이 공기를
가슴 가득 담는다

그 사람은 지금

내 가슴속에 둥지를 튼 그 사람
오늘도 어디선가
햇살을 맞으며 웃고 있을까

바람 따라 흘러가는 구름 속에
그 사람의 목소리가 섞여 들고
나의 하루 나의 기억 속에서
조용히 숨 쉬고 있다

손닿지 않는 곳에서
같은 하늘을 바라보며
무슨 생각을 하고 있을지
무엇을 느끼고 있을지
나는 그저 묻는다
그 사람은 지금
어디서 무엇을 하는지

그리움의 장난

잠깐 스친 인연일 뿐인데
왜 이렇게 마음이 흔들릴까
스쳐간 바람이라 믿었는데
그 향기가 아직도 가슴에 머문다

하루에 몇 번씩
그 이름이 생각나고
밤이 깊어질수록
그 얼굴이 선명해진다

이건 분명 하늘이 친
그리움의 장난일까
아니면 내 마음이 먼저
꿈속의 길을 열어둔 걸까

오늘도 눈을 감으면
그대가 다가와 미소 짓는다
이 짧은 인연이
왜 이렇게 오래 머무는지

나라 사랑

하늘을 우러러 숨 쉬는 공기 속에도
조상의 숨결이 숨어 있고
발밑에 닿는 흙 한 줌에도
피와 눈물의 역사가 깃들어 있다

깃발이 바람에 펄럭일 때
그 소리는 내 가슴의 울림이 되고
흘러내리는 땀방울마다
이 땅을 지키는 맹세가 된다

나라 사랑은 거창한 구호가 아니라
오늘 하루를 바르게 사는 일
작은 손길로 남을 돕는 일
그 마음이 모여 조국이 된다

내가 서 있는 이 자리
그 자체가 나라요 사랑이다

나이 값

세월은 저절로 무게를 더해가는데
그 무게만큼 마음은 익지 못했다

주름은 늘어도 지혜는 아직 덜 여물고
머리카락은 희어도 생각은 아직 푸르다
경험이 지혜를 낳는다 하지만
지혜는 겪음보다 깨달음에서 자란다

때로는 젊은이의 말에 발끈하고
때로는 아이의 웃음에 부끄러워진다

나이는 해가 바뀌어 얻는 숫자가 아니라
마음속에 쌓이는 향기의 온도 깊이인데

나는 아직
그 따뜻함을 다 품지 못한 미완의 계절

그래서 오늘도 지나간 날의 그림자를 거두며
한 뼘쯤 더 어른이 되어본다
나이 값이란, 결국
자신을 다독일 줄 아는 마음임을 알기에

낮잠의 이유

피곤한 일도 없는데
오후만 되면
눈꺼풀이 슬며시 무거워진다

햇살은 창가를 타고
따스하게 어깨에 내려앉고
세상은 잠시
느릿한 숨을 쉰다

억지로 버티던 날엔
머리가 멍하고
몸이 무겁다

알고 보니
이건 나태가 아니라
몸이 보내는
작은 신호였다

짧은 잠 속에서
세포들은 속삭인다
"조금만 쉬어
우린 지금 다시 살아나고 있어"

눈을 떠보면
세상이 한결 부드럽다
낮잠은 게으름이 아니라
하루를 다시 여는
건강한 숨결이었다

명절에 어머니 생각

달빛이 고요히 마루에 내려앉을 때
차례상 앞에 앉아
손끝으로 정성스레 음식을 올리며
문득 어머니 얼굴이 떠오른다

생전에 못다 한 이야기
스쳐간 기억 속 웃음과 눈물
어머니의 손길과 목소리가
마음 한켠을 촉촉이 적신다

멀리 있어도
곁에 있어도
명절이면 더 짠하게 다가오는
그리움
오늘도 울컥, 눈가를 적신다

배꼽시계

한때는 시계가 없어도
배가 먼저 시간을 알았지요
아침밥, 점심밥, 저녁밥
정확히 울리던
배꼽시계의 종소리

그때의 우리는
허기조차 정겨운 이웃이었고
밥 짓는 냄새에
아이들은 골목을 달려왔지요

이제는 손목의 전자불빛이
시간을 알려주지만
그 속엔 사람 냄새가 없습니다

문득 배가 출출해질 때면
그때 그 배꼽시계 소리가
마음속에서 다시 울립니다
"애야 밥 먹자"
그 한마디가 그리운 오늘입니다

세안 중에 작은 소동

여행을 앞둔 아침
들뜬 마음으로 세면대 앞에 섰다

손에 비누를 듬뿍 바르고
거품 속 얼굴을 씻던 순간
손가락 하나가
콧구멍 속으로 쑥

깜짝 놀라 움찔했지만
통증도 잠깐
묘하게 잡친 기분에
웃음과 당황이 섞여
하루가 시작된다

세월의 품격

세월은 누구에게나 공평하게 흐르지만
그 흐름이 모두에게 깊이를 주진 않는다

머리칼은 희어지고 손마디엔 세월이
새겨졌어도
마음은 아직 미완의 봄, 익지 못한 열매와 같다

겪은 일보다, 그 일을 어떻게 품었는가가
사람의 그릇을 정한다

나이는 숫자가 아니라 향기이며
그 향은 인내와 이해에서 피어난다

오늘도 나는 지난날의 그늘을 거두며
조용히 자신을 다독인다

나이 값이란
세월을 견딘 흔적 속에서
마침내 자신을 품을 줄 아는 마음

쉬어가는 카페에서

가을 햇살이 부드럽게 내려앉은 길가에는
검붉은 닭 벼슬 모양의 맨드라미가
고개를 들어 뽐내며
그 옆으로는 코스모스가 바람결에 흔들리며
계절의 노래를 부른다

여주 금사리, 좌의정 서파공 제실 옆에 자리한
"이리오너라" 한옥 카페에 이르자
넓은 주차장과 단정한 기와지붕이 먼저 눈길을 끈다
안으로 들어서니 전통미를 살린 한옥의 구조와
소박한 장식이 어우러져
마치 세월이 천천히 흐르는 듯한 고요함이 감돈다

잔잔한 차 향을 마주하며 창밖의 가을을 바라보니
길게 늘어진 코스모스 줄기 사이로 부드러운
바람이 스친다
그 순간, 마음속 깊이 쌓여 있던 피로가 조금씩 풀리며
비로소 쉼이 무엇인지를 느낀다

시의 불씨

시를 배우며 알았다
삶은 생각보다 깊고
마음은 단어보다 넓다는 것을

한 줄을 쓰려다 멈춘 자리마다
내 지난 날이 펼쳐지고
버려진 말끝마다
새로운 숨이 피어난다

그러나 시다운 시를 쓰려 하면
가슴이 먼저 타오른다
단어는 모자라고 감정은 넘쳐서
종이 위에선 늘 모양을 잃는다

그래도 나는 오늘도 쓴다
그 타는 가슴이 시가 되고
그 불씨가 내 삶을 밝히는
작은 등불이 되기에

야속한 세월

천년도 더 살 줄 알았지요
세월이 이렇게 빠를 줄은 몰랐습니다

흐르는 시간은
언제나 남의 것인 줄 알았는데
어느새 내 어깨 위에도
석양빛이 내려 앉았네요

손에 쥔 건 없는데
지나온 날들만 묵직하게 남아
돌아보니 웃음보다
그리움이 더 많습니다

이제는 느릿하게 걷는 법을 배우며
세월이 야속해도
그 안에 내가 있었음을
조용히 감사해 봅니다

이런 사람이 되고 싶다

바람 앞에서 흔들리지 않고
햇살 아래에서 따뜻함을 나누는 사람

슬픔 속에서도 눈물을 감추지 않고
웃음 속에서도 진심을 잃지 않는 사람

멀리 있어도 마음으로 다가가고
작은 손길에도 마음을 기울이는 사람

세상의 거친 말과 흐름 속에서도
조용히 중심을 지키며
사랑과 감사로 하루를 채우는
그런 사람이 되고 싶다

이런 친구

비 오는 날
우산 없이 걸어도
묵묵히 함께 젖어주는 친구

내가 말없이 하늘만 바라볼 때
굳이 이유를 묻지 않고
옆자리의 바람을 가만히 나눠주는 친구

좋은 날엔 웃음을 더 크게 키워주고
힘든 날엔 침묵으로 등을 토닥여 주는
그런 친구 하나 있다면 좋으련만

세월이 흘러 백발이 되었건만
그 이름만 들어도 마음 따뜻해지는
멀리 있어도 마음속에 늘
봄 햇살처럼 머무는
그런 친구 하나 있다면
삶이 조금은 덜 쓸쓸하겠지

이슬 같은 너

풀잎 끝에 맺힌 투명한 숨결
그 속에 네가 머물러 있다
빛이 스치면 색을 입고
바람이 지나면 미소 짓는 너

아침 햇살이 문틈으로 스며들면
가장 먼저 떠오르는 이름
그건 꽃도 별도 아닌
이슬 같은 너다

순간에 머물지만 영원히 남는
한 방울의 맑은 마음
오늘도 나는 너를 찾아
새벽의 들길을 걷는다

인생의 무게

발밑에 흙마다
지난날의 돌멩이가 놓여있다
바람 한 줄에도 흔들리지만
짐을 안고 걷는 발걸음마다
나. 라는 나무가 조금씩 자란다

무겁기에 더 단단해지고
견디기에 더 빛나는 것
그것이 바로 내 인생의 무게다

입질의 순간

고요한 물결 위로
한 줄의 낚싯줄을 드리운다
세상의 소음은 멎고
오직 찌 하나만이 숨을 쉰다

시간이 멈춘 듯
바람도 구름도 잠든 순간
갑자기 찌가 하늘을 찌르듯 솟아오른다
그 한순간의 떨림에
온몸의 신경이 살아난다

놓칠세라 낚싯대를 당기면
팽팽히 맞서는 힘의 결
그 미묘한 줄다리기 속에
인생의 긴장과 쾌감이 어우러진다

고기가 물 위로 오를 때
그건 단순한 낚시가 아니다
기다림이 보상받는 순간
침묵이 환희로 바뀌는 찰나의 시다

제6부

감빛 계절

감빛 계절

가을 하늘 아래
감나무 가지마다 노란 등불이 켜진다
햇살이 스치면 금빛 물결이 일고
바람이 머물면 달콤한 향이 흘러든다

주렁주렁 매달린 감들은
세월이 빚은 단맛을 머금은 채
고요히 세상을 바라본다

익을 만큼 익어
더 이상 서두를 것도, 숨길 것도 없는 듯
담담히 제빛을 품어낸다

그 모습을 바라보니
나도 모르게 마음이 젖는다
삶의 단맛은 결국
이런 기다림 끝에 오는 것이리라

오늘도 가지 끝에서
가을은 감빛으로 물들고
내 마음 또한
그 빛을 닮아 익어간다

김장하는 날

찬 바람이 불기 시작하면
마당에는 어느새 겨울의 풍경이 깔린다
커다란 고무 대야마다 배추가 산처럼 쌓이고
고춧가루와 마늘, 생강 향이
바람을 타고 흩어진다

어머니는 새벽부터 분주하시다
절인 배추를 헹구고, 양념을 버무리고
두 손에 고춧물이 배어도 미소를 잃지 않는다
"이 맛이면 됐다."
그 한마디 속에는 세월의 감각과 살림의 지혜가
깃들어 있다

김장이란 단순히 겨울 반찬을
담그는 일이 아니다
한 해를 마무리하고, 새 계절을
맞이하는 의식이다
손끝은 시려도 마음은 따뜻하고
가족이 둘러앉은 그 자리엔
사랑의 온기가 피어난다

김치통 속에 차곡차곡 담기는 것은
배추만이 아니다
그 속엔 가족의 웃음, 수고
그리고 함께한 시간의 향기가 함께 익는다

김장이 끝나면
장독대 앞에는 평화가 깃든다
매서운 겨울바람이 불어와도
이제 마음은 든든하다
김장의 날
그날의 온기가 한겨울을 따뜻하게 지켜준다

메주의 향기

초겨울 바람이 마당을 스치면
대청마루에는 노르스름한 메주가 줄지어 앉는다
광목천에 싸여 묶인 그 모습이 마치
세월의 덩이처럼 단단하고 따뜻하다

콩을 삶고, 찧고, 빚어내던 어머니의 손끝은
언제나 정직하고 부드러웠다
구수한 냄새가 굴뚝을 타고 하늘로 오르면
온 마을이 겨울의 준비를 마친 듯 고요해졌다

그 메주는 된장이 되고, 간장이 되어
한 해의 밥상을 지켜주었다
수저 끝에 닿는 그 짭조름한 맛 속에는
가난을 견디던 인내와 사랑이 함께 익어 있었다

이제는 보기 힘든 풍경이 되었지만
내 기억 속 마루 한켠에는 여전히 메주가 매달려 있다
그 냄새만 맡아도 마음이 따뜻해지고
어머니의 미소가 눈앞에 피어난다

삶이란 어쩌면
이처럼 천천히, 정성껏 익어가는 과정인지 모른다
세월의 장독 속에서
우리의 마음도 그렇게 숙성되어 간다

빈손 속에서 만난 나

세월이 나를 이만큼 데려왔건만
손안에 잡은 것이 없다
기력은 저물고
거울 속의 나는 점점 낯설어진다

한때 세상을 어깨에 짊어진 듯 살았건만
이제 그 어깨엔 바람만 머문다
남에게 기대고 싶지 않아
허리를 펴 보지만
그마저도 세월의 무게 앞에 흔들린다

삶이란 채움보다 비움의 길이라는데
나는 아직 그 비움을 다 배우지 못했다
가지려는 욕심이 떠난 자리마다
허공이 나를 비추며 묻는다

"그래도 살아 있지 않은가,
그것만으로도 아름답지 않은가."

오늘도 나는
빈손으로 하루를 건너며 배운다.
진정한 삶은 가진 것에 있지 않고
잃지 않은 마음에 있음을

사랑의 무게

사랑은 가볍게 부르는 노래 같지만
가슴 속에서는 묵직하게 흔들린다
한 사람을 품는 마음마다
보이지 않는 돌멩이가 쌓이는 듯
숨결마다 느껴지는 압력
그 무게를 견디며 하루를 살아간다

때로는 웃음으로, 때로는 눈물로
그 무게를 달래지만
사랑의 무게는 사라지지 않는다
오히려 더 깊이, 더 진하게
내 마음을 닮아 흐른다

사랑의 무게는 견디기에 아프지만
견딤 속에서 마음은 더욱 깊어지고
무거움 속에서 피어나는 향기
그것이 바로 살아있는 사랑의 숨결

무겁기에 소중하고
견디기에 아름다운 것
그것이 바로 사랑의 무게

우렁된장의 맛

당진 신평의 우렁쌈밥집 앞
햇살도 고소한 냄새에 취해
줄은 이미 입구를 벗어나 있다

접수된 이름이 불릴 때까지
한 그릇의 기다림은
허기가 아니라 설렘이다

솥에서 피어오르는 된장 향
우렁이의 구수한 숨결이
고향의 논두렁을 데려온다

삼십분 정도 기다림쯤이야
그 시간마저 양념처럼 익어
입 안 가득 따뜻한 이야기가 된다

그 맛은 단순한 밥상이 아니라
세월의 손맛
그리고 그리움의 향기였다

휴지에 감사

지난 시절
뒷간이라 불리던 그곳에서
종이 한 장 없어
두리번거리며 난감하던 기억

풀잎도, 헌 잡지, 신문지도
그땐 모두 은혜로웠지

이제는 손 닿는 곳마다
흰 휴지가 구김 없이 기다리고
나는 아무렇지 않게
마구 뽑아 쓰며
감사함을 잊고 살았다

그러다 어느 날
휴지가 뚝 떨어졌을 때
그 옛날의 난감함이 떠올랐다

오늘 문득
하얀 그 한 장을 들고
조용히 감사한다.
이토록 부드럽게
내 뒷모습을 감싸주는
세상의 배려를

자랑스런 사위

사위야 자랑스럽구나
세월이 흘러 내 딸의 손을
그대가 잡고 가는 모습을 보니
참 고맙다

허나 아비 마음이란
늘 한 켠에 남는 그리움이 있어
딸아이 웃음 속에서도
걱정이 함께 머문단다

부디
그녀의 눈물이 그대의 어깨에 닿기 전에
먼저 알아주고, 먼저 감싸주길

비바람 이는 날엔 우산이 되어주고
햇살 좋은 날엔 그림자가 되어라

사위야
그대의 따뜻한 마음이
내 걱정을 대신해 주리라 믿는다

은행나무 아래에서

노란 물결이 바람에 흔들리네
햇살 한 줄기마다
가을의 숨결이 배어 있다

어제까지 푸르던 잎이
오늘은 금빛으로 번져
세월의 비밀을 속삭인다

나무 아래 내려앉은 은행알
그 향기 속에 묻힌 시간들
발끝에 닿는 추억이 따뜻하다

역시 가을은
떠남조차 아름답다

바람(風)

바람이 분다
가는 세월의 숨결인가
떠난 이의 속삭임인가

이파리 스치며 흙냄새 퍼지고
낙엽은 춤추듯 길 위를 달리나니
그 또한 인연의 흔적이라

보이지 않으되 머무는 것
잡히지 않으되 느껴지는 것
그것이 곧 바람이요, 또한 삶이로다

머물지 않음에 허망함이 없고
지나감에 미련이 없나니
바람은 이 세상의 스승이라

낙엽(落葉)

서리 내려 물든 산하(山河)
한잎 두잎 흩날리니
세월이 눈앞을 스쳐 지나간다

그 누구의 발자취 따라
바람결에 떠도는 잎새 하나
어제의 초록이 오늘의 이별이 되었도다

뿌리로 돌아가 흙이 되려는 그 길
허공의 춤이라 하나
그 속엔 무한한 순리가 있도다

아, 낙엽이여
그대의 떨어짐은 슬픔이 아니라
완성의 마지막 장(章)이로다

딸에게

살다 보면
햇살이 고운 날만 있는 거 아니란다
때로는 비바람이 몰아치고
길이 막힐 때도 있겠지

허나 그때마다
너의 웃음이 너를 지켜주고
너의 따뜻한 마음이
세상을 다시 밝히길 바란다

이 세상 어디에 있든
네가 행복하면
그곳이 곧 우리 마음의 집이니라

작은 불빛 되어
누군가의 어둠을 덜어주고,
스스로의 길을 굳건히 걷는다면
그것이 부모에게는
더할 나위 없는 안식이란다

이 책을 엮으며 새삼 깨닫습니다.
삶이란 거창한 목표보다
하루하루 느끼고 기록하는 마음에서
시작된다는 것을요.
이 글을 읽는 모든 분들께 감사드리며
당신의 하루에도 "폼나는 낙서" 한 줄이 피어나길
바랍니다.

2025년 10월
안 용 환 씀

폼나는 낙서 안용환 제3시집

2025년 10월 30일 인쇄
2025년 10월 30일 발행

지은이 안용환
펴낸곳 동 천

등록번호 제 2011-000079

값 12,000원
ISBN 979-11-994798-3-8

* 잘못된 책은 바꾸어 드립니다.